AF450070

REFLEJOS

ExLibric

DAILYN VALDIVIA GARCÍA

REFLEJOS

EXLIBRIC

ANTEQUERA 2022

DAILYN VALDIVIA GARCÍA

REFLEJOS

*A todas aquellas personas —ausentes o presentes
físicamente— que, de una u otra manera,
siempre creyeron en mi talento.*

*A los que se sienten inspirados en determinado momento
para escribir letras del alma, a esos talentos ocultos que no han
tenido el valor de mostrarse al mundo tal cual son.*

*A ellos quisiera servirles de inspiración
y decirles: nunca es tarde.*

Relatos

Una pareja siempre es un libro abierto... Cómo se miran, cuánto se tocan. Todo se resume al suspiro y la espera ansiada de un beso. Cuando miro al pasado, veo momentos oscuros de lo que fue ensordecedor, algo muy vergonzoso ocultan aquellas memorias que no son dignas de mencionar, mas en cada espacio cabe mencionar también cuán dichosa fui al poseer aquella infancia que muchas almas perdidas aún desean tener. En la niñez, etapa potencialmente avasalladora, recuerdo contar hasta mis propios pasos a la vez que cantaba y reía como una flor.

Siempre recordaré los días pasados, pues he forjado mi presente partiendo de ellos, sin olvidar por un instante las raíces algo ásperas de donde provengo, de donde provienen mis ancestros, hoy blancos, antes trigueños y puede que negros.

Ciertas veces tomé la vida cual carnaval. Quería ser modelo de revista, luego cantante, hasta maestra llegué a soñar; así somos de niños, como papalotes con muchos colores, pero que todavía no definen un rumbo fijo, sino que van a donde les lleva el viento. Recuerdo que ya a corta edad comencé a interesarme por música tan particular como la entonada por Laura Pausini y el tenor Cristian Castro; eso nunca ha cambiado en mis días, la perspectiva sigue en torno a ellos.

Cuando palpé el sabor de mis letras, cómo vestían mis pensamientos, quedé complacida conmigo misma... Esto, definitivamente, era mi talento. Quise ser entonces una gran escritora, no me conformé con escribir, quería ser grande en el mundo literario. Los sueños de una niña siempre son válidos y se impulsan a lo largo del tiempo cuando tiene personas a su alrededor que alimentan su ego. Yo nunca he tenido el ego tan alto, sé quién soy, cuánto soy capaz de dar, mas no me gusta presumir de eso. Las personas humildes son bellas, irradian pureza, ímpetu…, grandeza.

Esta descripción no es sobrenatural. Existen personas, o mejor dicho personalidades, que la sustentan. Es un honor conocer muy de cerca a una de estas: mi padre. Que no por tener vínculos sanguíneos y/o parentesco lo califico con tendencia a la subjetividad de la parte más emocional de una hija, reconozco mi debilidad para con él, pero dejo bien en claro que vale la pena nombrarlo de antemano y reconocer en vida cómo es y siempre ha sido. Ha sido el más grato honor conocerlo, y más aún vivir la experiencia tan enriquecedora de ser su hija. No necesito halagarlo tanto, ni los halagos mejor inventados lo definirían por completo. Me une a él un lazo inquebrantable, que vence el más impuro y cruel obstáculo que ose cruzar nuestro camino. Cuánto temo por él, no por su persona toda bondadosa, sino por los demás que se aprovechan de la nobleza.

La tristeza acopla mi alma cuando pienso en tantas personas que hacen daño, porque hacen de este método una especialidad. Cómo quisiera cambiar la forma de pensar de estos seres humanos que quizás con la niñez no volaron en papalotes de muchos colores y les fue otorgada en una bolita de nieve superflua, ensimismante, o puramente en la oscuridad. A aquellos ángeles perdidos les confieso mis penas, quisiera que todos hubiesen tenido una infancia saborizada en azúcar, pero los sueños, mis lectores, algunos sueños no se pueden realizar. Pero siempre, siempre vale la pena tenerlos, repetirlos, volverlos a tener… Porque de sueños vivimos, con ellos tenemos esperanzas, metas, aspiraciones, un después (…)

Miseria

Lloro, he derramado mil lágrimas de un soplo por cuánta miseria hay en el mundo; las clases burocráticas aún dominan en el siglo XXI. Qué tristeza absorbe mis pensamientos, traspasando cada fibra de mi cuerpo hasta llegar a herir mi joven corazón, que no por haber vivido tan poco es ignorante y ajeno al mundo actual. Desde hace milenios se cuentan historias de gente pobre, gente sin poder material, porque del espiritual ganaban en cuantía a aquellos quienes siempre han dominado. La gente con dinero siempre ha prevalecido a través de los siglos por ser absurdamente los dueños y señores de la tierra. El mundo no ha cambiado mucho en este punto después de siglos incluso, sigue existiendo gente rica y gente pobre. Se me hace un nudo en la garganta de pensar que cada día muere un ser humano en el mundo por no poseer los recursos monetarios suficientes para costear determinado problema de salud.

No sé si seré capaz de escribir dos veces, porque me tiemblan las manos al mencionar que un niño ha venido al mundo para morir a los nueve años, ya que sus padres no tenían dinero para operarlo de una enfermedad mortal… Pienso en ello y sé que sucede a diario en personas de todas las edades. Tengo un hermano de nueve años y solo de pensar en ello se acelera mi corazón. La vida es muy dura para quienes no nacieron en cuna dorada. Esto nos hace reflexionar y capacitarnos a nosotros mismos de cuántas cosas podemos prescindir en la vida que no necesitamos: el último vestido que está de moda, los zapatos más caros del momento, unos tenis de marca… Qué egoístas somos. Pensad en aquel niño pálido, desnutrido, triste, en quien, al mirarlo, vislumbramos la muerte en su rostro, simplemente porque no ha tenido qué comer en muchos días. Una sonrisa sería un puñal certero y preciso, todavía hay personas que ríen cuando ven a un niño en estas condiciones y admiran a un pequeño en sobrepeso. Qué pena provocan en mi interior, vergüenza.

Deben disculpar mi sinceridad, todavía existe mucha hambre y miseria en este mundo, no importa el país, la política que se asuma en este. Debo ser franca, en cada rincón de esta tierra aún existe esta triste preocupación. Hagamos un llamado a nuestra consciencia, seamos sinceros en la introspección, valoremos lo que de verdad necesitamos, y lo que no desechémoslo claramente al olvido. Recordemos que quizás ahora no tengamos la casa de nuestros sueños, los zapatos que combinen con un elemento, y que coexisten personas, seres humanos, que nunca van a tenerlos… Resulta triste, pero es cierto.

Por los viejos tiempos

Extraño los viejos tiempos y he de extrañarlos más a medida que pasen los años, así son las leyes naturales de la vida. Hoy eres pequeño, dentro de unos años tienes la gran responsabilidad de ser adulto. Cuando la añoranza de tiempos pasados recurre a nuestra memoria, queremos vivir nuevamente esos capítulos en que fuimos intensamente felices, pues así son las cosas, la felicidad se da en momentos que nos marcan para toda la vida. Recuerdo cada momento vivido hasta la actualidad en el cual me he sentido invulnerable, viviendo un sueño en aquellas bolas de cristal que suelen identificar a las Navidades. Y es que ya estoy melancólica por estos días, ansiosa de celebrar otra Navidad en familia.

Los fines de años en mi país natal son muy particulares. La tradición es muy bonita, y cada año es diferente. Se renuevan las anécdotas pese a que siempre mantenemos en nuestras mentes viejas anécdotas de familia. En este instante se une en mis pensamientos toda una serie de ellas, que luchando entre mis neuronas quieren salir a la luz, una vez más. Recuerdo a mi abuela querida sentada en un sillón sin lujos, rodeada por todos nosotros, sus nietos adorados. Mi tía no estaba distante y la sonrisa de ambas, de mi tía y mía, hacían gala en la tarde. Hubo un momento en el cual la conversación se giró hacia mi abuelo (ya fallecido) Llillo, como le decían todos cariñosamente. Mi abuelo era una persona alegre, «maldita», un anciano con el corazón de un niño. Su calvicie era la más tierna de todas y su sonrisa abarcaba cada fibra y músculo facial. A pesar de haber sido muy pequeña en aquel triste suceso, todavía recuerdo perfectamente su rostro, quizá por el hecho de que mi padre sería, en el caso de una pintura, su imitación perfecta.

En aquellos momentos, retornando a la anécdota, mi tía nos contaba una de las travesuras de mi abuelo, de la cual mi abuela no tenía conocimiento; actualmente, no lo tiene en demasía. Mi abuelo era muy ingenioso, cada noche se acostaba molesto porque no lograba conciliar el sueño. La pared de su cuarto quedaba justamente junto a la pared del corral de uno de los hermanos de mi abuela. En aquel entonces, existía un cerdo «jodedor», por así decirlo, que dormía toda la mañana y por las noches hacía de las suyas. El cerdo era siniestro, su acto terrorífico lo acometía precisamente en la hora en que mi abuelo se disponía a dormir junto a mi abuela. Se rascaba en la pared y chillaba toda la madrugada porque tenía hambre. Aquello se tornó una costumbre y hasta parecía que lo hacía a propósito el muy pendenciero. A mi abuelo se le encendió el bombillo y cuando todos estaban en sus quehaceres, vigiló sigilosamente que nadie lo viese y le zumbó una tonelada de pastillas al animal para que durmiese durante el día y los dueños, en su extrañez, lo mataran.

¿Qué les contaré? La inofensiva e inconsciente criatura durmió toda la mañana, y aquello como si nada, pues por la noche dijo: «Aquí estoy yo». Las travesuras de mi abuelo no lograron revertir la situación y, en cambio, tuvo que aguantar a la criatura toda la noche por sus propios medios.

Sigue la voz de tu corazón

Y me mantengo, me mantengo absorta en mis pensamientos, todos sublimes ante ti, genio y figura de mi devoción, dueño y señor de mis deseos más eróticos, algo sonrojada por ellos. Pero son míos, nada ni nadie ha de retirarlos en este momento. Las últimas palabras que siempre quisiera oír de tus suaves labios son «te amo».

No piensen que pecan al confesarse a la persona amada, pues en ese pecado encontrarán la gloria y, pese a no ser correspondidos, se sentirán flotando en las nubes, fantaseando con besos y caricias prohibidas. Sí, comprendo que me hallo melancólica y apasionada. El amor es el sentimiento más genuino, ensordecedor, es un sentimiento inevitable. Quiero sentirme así para toda la vida, de ahora en adelante, siempre, continuamente fraguando y soñando con su aroma, que se ha vuelto inconfundible a mi paladar. Es un aroma que destila su sutileza, ternura y rigidez, hombría, calor, fuego, pasión. Estoy anonadada entre sus gestos, todos hermosos. No creo hallarme impotente ante su mirada, aún puedo evadirla cuando me lo propongo, mas prefiero no hacerlo; cómo he de perderme su profundidad, el brillo de sus ojos.

Cuando mis lectores sepan de lo que hablo porque han vivenciado algo similar, sabrán comprenderme y aludirán sin más preámbulos que se encuentran prisioneros del amor. Estoy enamorada. Siento que todavía no he descifrado todo, pero quién podría al menos descifrar un tanto. Nadie puede describir cuál es el próximo paso, cuáles serán las siguientes emociones, qué angelitos velarán por sus sueños. Nadie puede decirles qué hacer, solamente alguien juicioso aconsejaría algo que siempre me han contado en las telenovelas y que no por ser ellas ficticias deja de ser verdad: «Sigue la voz de tu corazón». Quien lo proclamó fue alguien muy sabio, porque es él quien sabe la verdad, sus latidos apresurados nos delatan; estos no engañan ni han de ser falsos. Si otro corazón late igual de fuerte que el nuestro en nuestra presencia, correspondiendo el sentir propio, tómale de la mano, no le dejes ir, pues quién sabe cuánto tiempo pasará hasta que otro vuelva a sentir algo igual, quizás nunca. Ciertas veces en que la razón nos ciega o nubla la vista porque tiende a ser racional y poco emotiva, aclara tus dudas colocándote una mano en el corazón y pregúntale a él en silencio, que pronto te dará la respuesta. Siempre recuerda inclinarte hacia la felicidad. Me viene justo ahora una breve historia a la mente donde pueden verse reflejadas mis palabras…

Cierto día un viajero aventurado llegó cansado a una choza, en la cual fue atendido con primor por una joven campesina, quien dio de comer y beber al rico hacendado en aquel momento. Luego le ofreció cobijo para que descansase un rato y, mientras este lo hacía, la pobrecilla ordeñó sin cesar para que el viajero se llevase un poco de leche fresca. La joven, realmente hermosa, desposeída de lujos, pero con gran corazón, se enamoró perdidamente del joven hacendado, quien le correspondía en sentimiento con cierto recelo por su condición tan pobre. Pensaba para sí: «¿Cómo he de llevar una campesina a casa y tomarla como esposa si apenas ha de saber hablar? Mis amigos y familiares no lo aceptarán, poco menos comprenderán lo que siento por esta joven. He de partir de inmediato y veré su rostro por última vez para nunca olvidarlo». El viajero tomó la mano de la joven y con un gesto cortés y sincero despidió a su amada por última vez, dejándole el alma destrozada a la joven. Se marchó de aquel lugar hacia tierras lejanas para nunca volver.

El viajero lamentó aquella decisión toda su vida, puesto que su corazón latía poco en su glamoroso imperio, y sus sueños revelaban siempre el rostro de su pobre amada. «Oh, mi Dios, cuánto me he equivocado al creer, inútilmente, que algún día la olvidaría. Por ser tan cobarde y presuntuoso he perdido lo único que verdaderamente daría sentido y color a mi vida. No seré capaz de volver a amar de este modo, no quise escuchar en aquella choza los fuertes latidos de mi corazón».

Desdichadamente, esta historia no tuvo final feliz, porque el viajero volvió en busca de su amada en vano. Cuentan los sabios que su búsqueda duró hasta sus últimos días, en que supo que ya ella había fallecido y, destrozado, cayó en desdén. Murió al poco tiempo de tristeza y soledad.

Perdón

Me siento tan mal, y he de sentirme así por largo y tendido tiempo… El ser humano es una de las especies que en posesión de su consciencia es capaz de sentir y moldear su comportamiento en consonancia con ella. Hoy mi consciencia me juega una mala pasada. No estamos exentos de padecer estas emociones, puesto que no siempre nos despertamos con el pie derecho, por así decirlo. Es un sentimiento de agotamiento físico y espiritual, acentuándose con mayor vigencia en el segundo enfoque. Al discutir y enojarnos con una persona, quedamos en ese estado tan degradante y particular. Cuánto desearía que no hubiese pasado nunca, pero suelen ocurrir sucesos y acontecimientos en nuestras vidas que son aversivos e inevitables. Cuando esto sucede, lo aconsejable es mantenerse al margen del asunto sin lanzar ofensas de las cuales uno siempre sale arrepentido. Cuando la ira se apodera de nuestros sentidos, solemos ser crueles y degradantes con la persona o personas en participación latente. Avivamos el fuego ardiente de la discusión y acabamos hiriendo los sentimientos del ser humano que, por lo general, queremos en demasía. Pensemos y reflexionemos acerca de esto, no lancemos palabras hirientes, ensordecedoras, de las cuales no podríamos sacar provecho ni retirar después su poderoso veneno para pedir perdón.

El perdón, seis letras que denotan la palabra más humana y perfecta de la lengua espiritual. Los seres humanos somos seres imperfectos, cometemos errores, ¿qué sería de nuestras vidas si no existiese la palabra *perdón*? El perdón es curativo, genuino, bendito, sano, angelical, creado por Dios. Nunca seremos dignos de ser perdonados si no ofrecemos a los demás nuestro perdón.

Perdono a los niños que cometen travesuras, porque ellos son fuentes de la ingenuidad, de la inexperiencia, de la inmadurez de ser pequeños, y deben ser guiados para aprender a crecer en espiritualidad.

Perdono a los padres que quizás no saben educar a sus hijos con cariño y comprensión, porque piensan que lo más importante es darles una muñeca o un carrito para jugar. A pesar de hacerles un inmenso mal, los perdono, porque somos seres que tenemos el derecho a ser perdonados. Y quien no haya pecado que tire la primera piedra, como bien decía el sabio y santo padre. Porque todos, mis seres, todos merecemos el perdón cuando de verdad existe el sincero arrepentimiento.

Los inolvidables

La amistad es un arma, vehementemente la más poderosa…
¿Cuántas veces no hemos sido salvados por nuestros amigos? Cuán
hermosa se torna una situación, digamos una fiesta, cuando en
esta nos encontramos solos ante la multitud y vemos acercarse
de repente una cara conocida, un cuerpo que nos transmite luz
y candidez. En ese entonces no nos damos cuenta en realidad de
todo el valor que poseemos manteniendo esa amistad.

Los amigos, mis lectores, valen oro, platino, diamantes y
rubíes, todo esto y más en cuestión de apego, apoyo, alegría,
camaradería, soporte. Son únicos y basta con estar acongojados
por alguna pena propia para que estos acudan afectivamente a
nuestro encuentro y con tan solo un gesto, una mirada o una
sonrisa, descomponen nuestro imperio, haciendo de este un
nuevo estado placentero, donde nos sentimos comprendidos,
aceptados, apoyados. La amistad es una joya intangible, potencial,
resistente. Nunca he de olvidar a un buen amigo, aunque pasen
los años, aunque tiemble la tierra. Pienso que después de yacer
bajo la tierra se irán conmigo mis más hermosos recuerdos para
con ellos, porque sin ellos no he de recordar mucho.

Qué decir de esta voluptuosa palabra, que se torna inquebrantable en mis venas. Perdura a través de los años y es en este
paso que se va fortaleciendo. Cuando alguien nos pone la mano
en el hombro y nos dice con sinceridad mirándonos a los ojos:
«Eso no está bien, es incorrecto lo que estás haciendo. Debes
tratar de solucionarlo, yo estaré contigo para apoyarte en lo que

necesites». ¡Ese es tu amigo! Quien reconoce tus defectos, pero aun así no te da de lado, sino que te acompaña a transitar por los caminos más pedregosos y siniestros. Para quienes han sido mis amigos todos estos años y quienes seguro que lo seguirán siendo en los años venideros, mis más sinceros y cordiales agradecimientos. Porque hoy soy, en parte, de lo que ustedes aprendí, y así seguiré siendo. Especiales son todos y nombrarlos sería una tarea ardua, pero más que eso comprometedora, porque no me perdonaría olvidar a alguien, así que no acudo al nombramiento. En mi corazón está cada uno de ustedes y de allí ya nadie puede ser capaz de sacarlos sin mi autorización. Siento en lo profundo aquellos que dejaron de serlo, por tonterías banales de la vida, quizá por malentendidos pasajeros.

Lamentablemente, la vida emana de confusiones, conflictos, dialectos. Sin embargo, prefiero pensar que aún me quieren, que me tienen presente y no desean mal en mi vida. Así es como yo los siento, todavía guardo aquellos momentos en que cada uno de ustedes reía a mi lado, jugábamos, saltábamos, corríamos… Qué tiempos aquellos en los que solo existía una pequeña brecha para divertirnos y tardaba en ir a bañarme y comer porque me encontraba en mis algarabías infantiles con mis amigas y amigos de niñez. La primera frase que nombraba en aquel entonces era la más simple y connotada en mi vida, nunca la olviden porque de ella se conforman los momentos más felices de esta enriquecedora etapa: «¿Quieres ser mi amigo?».

¿Existe una luz al final del camino?

He tratado de dormir, pero no puedo. Ya sea por cuestiones de salud o por neuronas funcionando de más a altas horas de la noche. Tratar de conciliar el sueño se ha vuelto una tarea tortuosa en este día. He pensado: «Si no puedo dormir, ¿qué hago acostada entonces?». Por obedecer solo al horario. Pues no, y heme aquí encerrada en mis propios pensamientos. Es por ello que recomiendo que cuando la satisfacción no cubre a la necesidad, se debe dejar de intentar lo que por costumbre nos hallamos haciendo. Cuando no tengas deseos claros de realizar algo, simplemente no lo hagas. Vale más tu propia satisfacción y la entereza que tengas en tu interior.

Me ha costado mucho entender esto, y más que ello, aplicarlo a la vida real. Muchas veces me he visto a mí misma haciendo algo para alguien que realmente no he sentido el deseo autónomo de acometer; sin embargo, me he encontrado en la encrucijada de decepcionar a esa persona, de hacerle sentir mal y angustiada, así que, por ende, he terminado haciendo lo que verdaderamente detesto. Ahora reflexiono y pienso que por hacer quedar bien a alguien y no decepcionarle me he decepcionado y faltado a mí misma, puesto que he calcinado mis ideales por los ideales de otro. En ciertos momentos de la vida tenemos que tomar decisiones muy difíciles y definitorias, y es cuando nos preguntamos: «¿Qué hacer? Si hago lo que quiere es en contra de mi voluntad; si no lo hago, quedaré como un tonto ante sus ojos». Pues de tontos se hacen los momentos felices, verdaderos. Tontos somos todos alguna vez en la vida y, a pesar de ello, nunca nos damos cuenta de que haciendo el tonto logramos en variadas ocasiones nuestros propósitos más anhelados. No quiero hacer de esto una sola cara de la moneda, pues me gusta pensar que en toda verdad hay una pequeña mentira. Así como la moneda tiene dos caras, lo opuesto a lo referido es que no siempre tomamos las decisiones correctas, y no por ello nos defraudamos perennemente al destierro propio.

Sí, existe una luz al final del camino. La esperanza está en no perdernos a nosotros mismos pese a que en repetidas ocasiones hacemos lo contrario a lo que pensamos y realmente queremos hacer. Te encontrarás en indefinidas ocasiones con este dilema: «Si lo hago, voy en contra de mis principios». Sin embargo, te muestro la oportunidad de crecer si le pones neuronas al asunto y razonas acerca de ello. Verás que realmente harás un sacrificio a tu propia convicción y mantendrás a salvo la de muchas personas. Recuerdo cierta anécdota relacionada con lo que digo, pero por cuestiones de integridad y respeto por los implicados, no aludo a detalles del hecho.

Cierto día, en años pasados, me llegó una repentina y monstruosa noticia asociada a personas muy queridas y allegadas en mi vida. Mi consciencia y la razón no daban de sí. Mi mente no quería aceptar lo que a mis oídos llegaba, un chisme, como es llamado, y que el cien por ciento de las veces trae dolor y sufrimiento. La vía por la cual se refirió era de mucha confianza y, en realidad, aquella persona —una vieja amiga— no tenía razones para inventarse una historia de aquellas. Lo referido tenía en su centro una traición, una dolorosa traición a un ser amado. Esa traición nunca salió de mis labios ni de mi corazón, todavía la guardo con cierto recelo en mi consciencia para que nadie sea capaz de sacarla al exterior, porque pese a lo que me dictaran mis ideales, estaba la felicidad de muchas personas en mis manos y yo no sería capaz de destruir a varias familias en disímiles contextos y con una historia de por medio.

Así es la vida, yo hice mi elección. Preferí cien veces guardarme todo a cometer lo que todavía considero un acto de irresponsabilidad e inmadurez. La decisión fue tomada y, ya sea buena o mala, tendré siempre presente la sonrisa y el cariño que se demuestran en su seno. Soy de las personas que promueven el perdón de los seres humanos, porque todos cometemos errores, el valor está en enmendarlos. Piensa primero las consecuencias de tus actos en la vida y el desenlace de otras personas, familias, niños, amigos, parejas. Puedes estar contribuyendo a la destrucción o el bienestar de la sociedad en general. Siempre pienso: ¿por qué quitarle la ilusión a un niño que piensa con trotar en su corcel por un arcoíris, si pensando en ello es feliz y en su fantasía se siente pleno?

El placer de haber nacido

Cuando nuestros corazones se hacen de papel y con tan solo un chasquido tienden a arrugarse es cuando verdaderamente nos encontramos en un conflicto interno, un dilema entre lo que ha sido, será y, principalmente, lo que estamos viviendo justo en estos momentos. Recuerdos me vienen en este instante a la mente… Una rosa esplendorosa de belleza que en su primer despertar deslumbra a todo ser que la observe continúa siendo así por unos pocos días. Sin embargo, sus pétalos van cayendo de vez en vez con el pasar del tiempo y, finalmente, pierde todo su estupor y glamur y queda convertida en un endeble fragmento. Así pasa con el cursar de nuestros días, siendo en los primeros años criaturas adorables y enérgicas que desbordamos alegría y júbilo sin descanso. Pero al pasar de los años, nuestras fuerzas se agotan, la energía decae y el júbilo se convierte en espera de lo que nuestro cuerpo envejecido nos permitirá hacer desde ese entonces. Pero nos queda la dicha de haber brillado intensamente, como aquella flor, de haber mostrado nuestra belleza y pureza al mundo y de que, llegando el final de nuestros días, podamos mirar hacia atrás con la frente en alto porque cumplimos nuestro tiempo y cometido: tuvimos el placer absorbente de reír, las ganas inaguantables de llorar, el refugio de nuestra familia, el tesoro de un primer amor, la tristeza de un adiós que no se olvida y la fortuna de haber ayudado, quizás, a forjar la entereza y humanidad de quien nos sucede.

Recoges lo que siembras

¿En qué momento de nuestras vidas dejamos de ser auténticos, fieles, leales a nuestros ideales más hermosos? ¿Qué día tan oscuro es ese en el cual nuestra relación con otros se convierte en un abismo de desconfianza y tensión? Estoy muy decepcionada, todos hemos caído en ese cruel precipicio de mentiras y verdades a medias. Mi corazón se me arruga de dolor en el pecho por no saber cómo resolver este gran problema que tanto nos afecta a todos: la mentira.

Cruel y despiadada mentira, acecha nuestra integridad como personas, va arrebatándonos poco a poco la moral, el elemento del decoro espiritual. ¿Por qué mentimos?, ¿para tantear el terreno de una duda que pudiera aminorarnos? Con el solo hecho de mentir nos tornamos los seres más despreciables e inhumanos. La mentira frecuente absorbe el alma de quien la practica, incluso de quien cree que por mentir de vez en vez no hace daño a nadie. Porque el daño no solo se provee hacia los demás, también se encuentra dando fruto en nosotros mismos.

La verdad a medias, por muy cerca de la verdad que se encuentre, también es mentira. Porque solo existe una única verdad, y esa, aunque las palabras lo nieguen en nuestra consciencia, prevalecerá. En dependencia del alcance y contenido que posea, pasará días y días, quizás años, atormentando nuestra existencia. No hacer de la mentira un hábito es cuestión de bienestar personal y social. ¿Por qué dejar de admitir que hemos cometido un error cuando podemos ser perdonados? Y si no lo somos, entonces tenemos la dicha de haber sido sinceros y estar seguros de que fue lo correcto. La vida siempre te devuelve con creces lo que con honestidad e integridad has logrado. Me viene a la mente una pequeña pero absoluta frase de lo que comento: «Recoges lo que siembras».

Carta de un anciano en su lecho de muerte

Hijo mío:

¿En qué momento dejaste de confiar en tu anciano padre? Dime, ¿en qué pudo haberse equivocado este viejo roble en tu educación como hombre honesto y trabajador? Temo que haya sido en aquel entonces cuando eras muy pequeño y tan solo contabas con cuatro años de edad. Había acabado mi labor en el huerto y, lastimado por los rayos del sol, decidí tomar un descanso a tu lado, porque siempre deseaba estar junto a ti, ver crecer a mi niño, sangre de mi sangre; fuiste el sueño y legado de mi vida. En aquel entonces ya eras lo suficientemente fuerte como para tomar una silla, arrastrarla hacia la mesa y tomar de ella varias frutas del frutero. Disfrutaba verte comerlas, ¡cómo lo hacía! Pero rompiste el hermoso frutero de tu madre y le dijiste a ella que había sido yo por temor a reprimendas. Tal vez, ese fue mi primer error, debí haberte hecho confrontar esa primera mentira, que aunque fuese pequeña y tu padre asumió la culpa por tus actos, era preciso aclararte que todos debemos hacerles frente a nuestros errores y no mentir en lo mal hecho. Eras pequeño, sí, lo acepto, pero de pequeñas mentiras se han formado y levantado nefastas guerras.

Luego, a la edad de quince años, trajiste a la primera mujer, toda elegante, esbelta, bella, criatura agradable y sin malicia, a quien tu viejo padre le empezó a tomar aprecio. Pero con el paso del tiempo no te bastó su dulzura y comenzaste a apañártelas para mentirle a la joven y pasar el tiempo en otras alcobas que no eran ningún misterio. En ese instante debí advertirte del error que cometías, de las mentiras que profesabas a quien te había entregado todo su amor en cuerpo y alma. Sin embargo, fuiste derrotado porque perdiste a tu primer y verdadero amor, y aun así continuaste mintiendo.

Oh, mi Dios, te pido perdón, y así quiero también que me perdones tú, mi único hijo, mi bien más preciado, porque tu viejo padre ha decidido dar su vida a cambio de la tuya por esta que espero sea la última de tus mentiras. Te querían llevar a la horca porque mentiste a nuestro capataz en algo que me han dicho que es muy serio. Espero que cambies mi luz porque he dicho que fui yo quien mintió, y no tú. A ver si así me dignifico en tu causa y Dios te permite en un futuro entrar en su reino.

Te quiero…

Melancolía e incertidumbre

Este es un día como otro cualquiera. Sin embargo, siento que caigo suavemente por un tobogán y vuelvo a sentir la sensación y el júbilo de cuando era pequeña. Los niños viven una felicidad abrumadora en la mayoría de los casos. Decido acongojar mis penas pasadas y me sumerjo en un mar de pensamientos infinitos y borrosos. El reloj marca apenas las 4:43 de la madrugada. He decidido levantarme y no perder el tiempo, que intentando dormir queda irresuelto.

Hay días más duros que otros, días más frágiles y días en los que pensar se convierte en tormento. Mis ojos son quienes sufren la carga de mis sentimientos más profundos, se transforman en un sinfín de lágrimas que brotan allanando otras partes de mi cuerpo. Qué será de mí sin el consuelo, en estos días por los que he esperado el cambio de algo que solamente anhelaba en sueños. He tenido mis días confortables y de momentos felices, y aún sigo en la espera de la fortuna espiritual que me proporcione la satisfacción de sentirme completamente plena cuando de amor y sueños se trata.

Continúo absorta en mis pensamientos y ciertas veces desvarío, pensando: «¿Podré algún día dejar de sufrir por amar? No, no lo creo». Sigo mi viaje de la tristeza, que alcanza y toca las delicadas teclas de mi alma, joven, inexperta, traviesa. Dando retumbos descubro que me encuentro en un siniestro día de esos en los que predomina la melancolía, en los que la gotita más mínima y pequeña de lluvia hace su estrago por el leve viento y cae derramando su esencia en una pequeña hoja que se contonea con la suave avidez del viento.

Alcanzo a visualizar destellos de lo que sobreviene, pero no miro más allá de mi hombro, no logro ver con nitidez lo que pasará en unos años, porque es ciencia incierta, indescriptible. El mundo gira lentamente, pero a su paso va cambiando la gente, las semillas florecen, y de aquello que una vez fue tierra, solamente emanan los árboles, que brindan sombra, calma y hasta el aire más purificado para nuestro cuerpo.

¿Qué días nos esperan? Eso no lo puedo asegurar. Cuánta melancolía viviremos, cuánta lluvia caerá, cuántos niños crecerán. La fuerza impulsora de la vida y obra humana no cesa. El empeño está en cuánto interés y amor propio tengas… Trata de ser feliz en cada instante por aquellos que lo intentaron y no lo consiguieron, y piensa que después de la lluvia y la turbulencia llega la calma de un día soleado a nuestras vidas, una razón por la cual seguir luchando, un motivo para alcanzar tus más grandes sueños.

¿Blanco, negro o arcoíris?

Hoy me siento tan desvalida entre mis iguales que intento sobreponerme con todas mis fuerzas y parece ser que la naturaleza humana se ha vuelto en mi contra. Siento que estoy atada de pies y manos, como si alguien en secreto me aguantase tan fuertemente como pudiese y me dejase sin alternativas para avanzar. Han sido días muy duros, muy ajustados y señaladores. He sentido la necesidad de pedir perdón a Dios en este preciso instante para librarme de tanta angustia. Sincerarme con él y volver a ser aquella hoja pequeña, delicada, resplandeciente y luchadora que se ganaba un sombreado lugar entre sus compañeras, miembros también de un lustroso árbol. En ocasiones, la gracia y obra del Señor nos lleva por caminos que a nuestro parecer se nublan, cierran, pierden o rompen al azar. Sin embargo, tengo la firme convicción de encontrarme a tan solo un paso de la verdad, justicia, la capacidad de encontrarme a mí misma.

La vida te abre y cierra puertas para decidir al final con cuál te abres paso. Las puertas blancas pueden verse opacas y oscuras en su interior, quizá con habitaciones tan grandes y maravillosas como vacías y en soledad. Aquella puerta azul espera atenta que yo la abra, escucho los toques que demuestran su desesperación, pero prefiero esperar un poco más para no apresurarme. Prefiero conocer primero qué otras puertas existen para mí y, en mi interior, buscar las respuestas que me conducirán finalmente a decidirme por una. ¿Qué puerta será? Eso lo dirán los sucesos y el tiempo, que a veces pasa desapercibido y fugaz. Espera por mí, no desalientes, que yo sabré escuchar los latidos de mi corazón.

El color que lleve nuestra puerta lo decidimos nosotros. Elegid correctamente.

Tu partida

Hoy la vida me devuelve con creces una y mil cachetadas a la vez… En estos momentos en que me encuentro tan sola con mis pensamientos, todos dirigidos a ti, esa persona a quien amo tanto y que constituye el eje central de mi vida y el motor que impulsa todos mis actos o casi la mayoría de ellos, mis palabras se quedan plasmadas en este escrito de hoy y todos los días desde julio, ese 13 de julio fatídico en que nos despedimos para reencontrarnos un día que no sabemos y el cual esperamos con ansias.

Aquel momento marcó mi vida. Mi vida era más sencilla antes de aquel momento y nunca pensé experimentar tanto dolor en tan solo unos minutos de un día cualquiera. Pero ese 13 de julio era el día en que te marchabas de mi vida mirando hacia el futuro en un país lejano, y ese abrazo entre sollozos fue lo único que me quedó de ti ese día, un abrazo que llevo en mi mente y guardo con recelo en mi corazón para que nadie ose arrebatármelo.

Ahora miro nuestro retrato, que dejé muy cerca de mí para recordar cada detalle de tu rostro, que aun cerrando los ojos de noche, vislumbro como si te tuviera a mi lado sonriendo y haciendo de las tuyas.

Siempre he pensado ser la más fuerte de los dos, pero me he mentido una y otra vez a mí misma, porque de los dos tú eres quien me arma de fuerza y cedes cuando lo necesitamos.

Estos días han sido muy duros sin ti…, en los que la lluvia pierde su sentido si no estás a mi lado y ya las películas no tienen la gracia que les encontraba al verlas a tu lado. Este cuarto en que vivimos nuestra historia se me ha quedado cada día más grande y los días parecen ser todos iguales, sin que cambie nada en absoluto.

Solo espero que pasen pronto estos meses, que parecerán eternos años, y que pienses en mí sin dejar de vivir tu vida, porque el amor que sentimos el uno por el otro supera todas estas millas y kilómetros de distancia, supera horarios, tempestad. Y además me dijiste en aquel momento que marcó mi vida: «Espérame, mi amor», que se clavó como el delicado refrán sin el cual yo no sería yo misma.

Tú marcas indefinidamente mis pasos desde el momento en que descubrimos que no podíamos estar el uno sin el otro, no importa cuándo… Estaremos juntos otra vez, mi vida, y esa vez será para no separarnos nunca más.

Un día más

Hoy es un día más, una noche más en la que no estás a mi lado, amor, para apoyarme en tu hombro, ese hombro fuerte y acogedor que me calienta en las noches más frías y obscuras.

Por ti, por estar junto a ti, he dejado a un lado los gustos de mi vida, las cosas que antes eran tan mías y que ahora me pregunto si lo seguirán siendo: la escritura, los amigos, las salidas, la duda ante lo desconocido. Simplemente, todo eso llegó a formar parte de un pasado, y no recuerdo cómo ni cuándo sucedió.

Cuando llega un amor así a nuestras vidas, todo se nubla, todo se olvida. Lo demás llega a convertirse en insignificante para quien ama así como nos estamos amando nosotros.

Casi me das respuesta a mis preguntas sin habértelas hecho todavía. Es una conexión inexplicable, quizás sea el motivo de nuestros corazones latiendo a la vez. Me haces sonreír cuando menos lo espero y como nadie jamás lo haría. Tan solo ansío el instante en que llegues y me abraces vehemente, sin voltear la espalda hacia algo más. Suspiro de tan solo pensarlo.

Ruego a Dios por tu bienestar, y su benevolencia es tan grande que me ha permitido subsistir sin ti todo este tiempo.

Las pruebas son difíciles, la vida pasa página y no perdona, pero me dices «hay que ser fuerte» y lo soy, soy tan fuerte como no podría serlo otra persona en mis circunstancias.

Espero por ti, amor. Espero por tus besos. Espero tus caricias, tu silencio, tu sonrisa, tus alardes, nuestras largas conversaciones cuando estamos solos y nos vence el tedio. Espero tu regreso como la abeja espera el néctar de una flor y tantas ejemplificaciones que dirías que me estaré volviendo loca. Loca de amor, loca de celos.

La distancia no nos ha podido arrebatar los deseos, aún nos deseamos como si fuera una primera vez, el primer año de dos enamorados. Dios te ha enviado a mi vida para nunca poder olvidar tu sonrisa, tu figura y hasta las mañas de tus gestos, grabados todos en mi mente, mi alma y mi cuerpo.

No es prisión, es libertad pura al amar lo nuestro, y en el recelo guardamos cierta ternura y poder.

La vida nos pone a prueba por segunda ocasión y la distancia hace de nuestros cuerpos terrenales un puente que nuestros corazones han decidido traspasar a pesar del tiempo, la tempestad y los desaciertos.

Quisiera que sintieras cómo me siento, pero no sé si tendrías el valor, como yo, de afrontar mis palabras y continuar sonriendo.

Otro día más, mi amor, otro día más y muchos más para nuestro encuentro.

Mucho camino por andar

Dicen que en la vida hay que saber esperar… Ciertamente, lo dijo alguien extremadamente sabio.

La espera es admisible cuando se trata de cosas muy triviales de la cotidianidad, mas cuando se trata de amor, el corazón es muy débil ante la espera, se agobia y perece con mayor desesperación cuando lleva tiempo esperando a su otra mitad.

Imagino a dos padres ante la llegada expectante de su primer hijo… Es una espera celestial que hasta los ángeles aguardan.

Imagino la espera de la salida al recreo de los niños… Es una espera emocionante y gratificante cuando suena ese timbre soñado.

Imagino la espera de un familiar al que se quiere y no se ve desde hace algunos años… Es una espera agitada y emotiva que encierra los sentimientos más profundos que generan los lazos consanguíneos.

Sin embargo, la espera que aguardan dos corazones que laten a un mismo ritmo a pesar del tiempo y la distancia es la espera más dolorosa que he podido experimentar en estos ya casi veintisiete años.

¿Sobre el amor...?

Cuando me hablen de amor, diré que por amor he llegado a sentir el dolor más profundo y certero. Tendrán que hablarme de amor con el brillo en los ojos y la humedad de las lágrimas brotando de ellos.

Cuando me hablen de amor, que sea en silencio, que tenga lamento, y a través del tiempo. Ese tiempo que corre sin medir que a gatas mi corazón sangra, suspira, palpita.

Cuando me quieran hablar de amor, que sea en susurros, sin prisa, con la mayor ternura, como si fuera vigilia acunando un bebé. Cuando me hablen de amor, que no mienten profecías prehistóricas ni comparen las piedras de un río con su enorme caudal.

Háblame de hechos, caídas, desierto y fe insaciable. Háblame de hechizo perpetuo, secretos, cartas, versos y también arrepentimiento. Ven a hablarme de amor con el corazón en el otro lado del pecho, con perdón en la mano y temblor en el cuerpo. Con arrugas que vienen con el paso del tiempo y hoyuelos que visten la magia de un sueño.

Háblame de amor, un amor sincero, un amor que a su vez sea tan imperfecto. Ilústrame con nitidez sus imágenes, colosales por la experiencia y los inquebrantables momentos.

Cuando decidas por fin descubrirte al amor, acaricia esos celos, celos hasta de sus propios miedos, de lo que contemplan sus ojos, de lo que tocan sus manos, de lo que recorren sus pies. Celos hasta de sus pensamientos.

Ven y háblame de amor, de vida… por el solo hecho de amar. Bendecidos son quienes llegan a sentir ese amor intenso.

Reflejos

Las personas que irradian luz te tocan el alma. Llegan a ver lo que nadie puede mirar con los ojos cerrados. Escuchan esos latidos que sofocan y quieren andar por sí solos. Colocan el perfume más dulce y tierno en tus mejillas y besan sin pudor tu frente, tu barbilla y, sin querer, los labios.

Solo con el roce adviertes su energía intensa. Las palabras sobran y el calor aumenta. Clandestinos somos quienes no llegamos a reconocer su naturaleza. Esas personas nunca llaman la atención y a su vez la tienen toda. Apagan incendios con el chasquido de sus dedos y abren túneles donde la distancia separa cuerpos. Beben modestia donde no cabe el ego y mueven montañas en las que había siempre hielo.

Las personas de luz poseen auras multicolores. Van vistiendo la vida cada día y en su baile realizan danzas de colores reales, vívidos, tiernos. Brillan e iluminan con luz propia, que contagia, traspasa, vence.

A veces me pregunto: «¿Qué colores llevo?». Todos llevamos colores dentro. Algunos tenemos días con colores neutros. Otros despiertan el rosa, el verde y un amarillo intenso. En estos momentos, camino por la arena y llevo el color del mar, y mi vestido ámbar luce perfecto. Entalla mis penas, mi amor, mis ilusiones y mi ternura. Dibuja mi sonrisa, que va natural, sin colores y al descubierto. En este instante siento que hay magia, que hay luz, que nada puede arrebatar lo que estoy sintiendo. Sabes…, esa sensación de soñar despierto…

Versos al aire

Y si la memoria nos fuera fiel.
Y si mis brazos fueran alas.
Y si sintieras mis labios de miel
y cómo se pierden mis ojos chinos con tu mirada.
Y si los días tardaran menos.
Y si el recuerdo de la lluvia fría
no dibujase los rostros tan nítidos en mi morada.
Y si el encierro que aclamo eterno
se refugiara en abrazos y, como en los vinos, fuéramos eco
de buenos tiempos.
Recorrería todo el tormento, todas las glorias y los momen-
tos para decirte cómo me siento en este amor que es juramento.
Y si en las velas derriten penas.
Y si tan solo esas barreras fueran visibles a ojos humanos,
como el sudor de mis tibias manos.
Y si escuchas cuando amanece como mi voz apenas florece
y el corazón late con ganas, como el sonar de las campanas.
Cómo explicar a mis veintiocho años que no hay maneras
para el engaño
y aunque mi ser no quiere ceder, te pide a gritos toda tu piel.
Cómo explicarle a mi interior que ya no cabe tantísimo amor
y que esto quema como el furor de todos los años y un
buen alcohol.

Déjà vu

Una tarde de enero paré mi carreta y, al ritmo del son, compuse mi letra con el corazón.

Sentí pulsaciones que retozaban cual carrera ingenua de conejillos, y sentí el chasquido de mis ojos negros como la noche de un verano tardío.

Y pensé en tu voz, en tus tibias manos. Caminé despacio con la salida del sol.

Y tomé mis manos, las elevé hasta el cielo, sentí vibrar el sonajero y desde mi ventana, «aquellas ventanas», soñé mi mañana, y tu cálida mirada me despertó.

Fue como si esa mañana mi vida entera pasara y yo solo recordara el tono de tu dulce voz…

Atrapasueños

La espera es larga y la soledad poco a poco va matando nuestros días. El amor es lo único que nos queda, acompañado de la vil tristeza, esas ganas locas y el lamento de lo que pudiera ser.

Qué ricos son los que en virtud de amar se entregan en estos momentos por completo. ¡Qué dichosos! Pudieran llamarse privilegiados. Si supieran cuánta fortuna poseen…

En esta u otras vidas tuve que haber vagado en tu búsqueda. Tras múltiples suspiros creo perseguirte a todos lados mientras el universo conspira y juega con nuestros corazones, alejándolos en cuerpo, mas no en alma.

Mi boca ansía tus labios, mis ojos anhelan tus ojos y el brillo que emanan los mismos cuando se deleitan en la mirada.

Se estremece mi cuerpo imaginándose en tus brazos, cálidos y fuertes. Busco tu olor y lo encuentro nítido hasta en mi imaginación… Comienza a palpitar con mayor rapidez mi corazón agitado.

Entonces comienzo a percibir la vida y el mundo de manera diferente, ensimismada en pensamientos, y una lágrima corre por mis mejillas. Una lágrima que pareciera contar con cien años, miles más, porque lleva sufrimiento de meses fríos que se han convertido en milenios. Y el tiempo se detiene, solo transcurre cuando tú estás…

El péndulo

El otoño me supo a invierno, un invierno sin fin, sin frío, sin copos de nieve y películas de navidad.

El invierno me supo a verano, un verano más ardiente que el fuego, más feroz que un volcán en erupción, tan siniestro y oscuro como un entierro.

Los minutos me parecieron años, y una semana, la eternidad…

Arcoíris

Sembré amor en medio de la discordia, ¿sembraste vos?
Estuve de pie en medio de la gravedad.
Rocié con dulzura un campo de flores marchitas.
Y al finalizar el día quedé sin aliento, alcancé a observar hermosos colores.
En medio de la lluvia, salió el sol.

Bola de cristal

La nieve calaba los huesos y todo su mundo daba vueltas alrededor…

Cuanta más serenidad buscaba, latía con mayor fuerza su corazón. Entre tanto júbilo y alboroto se asombraba viendo fuegos artificiales en un castillo que eximía seda y canción.

Se escondían sus ojos bajo un fino manto, transparente, brillante. Permanecía lejana dentro de aquella bola de cristal…

El viaje

Dicen que la espera hace a los hombres más fuertes, que la sabiduría llega con los años que acontecen y que después de la tormenta siempre viene la calma.

Dicen que los tiempos de Dios son perfectos y que el tiempo todo lo cura, todo lo puede, que finalmente todo pasa. Ya sea por obra divina, milagro, devoción, fe o causalidad.

Que de la semilla más pequeña germina el más frondoso árbol y nada es tan dulce como la miel.

Dicen que se ve toda una vida pasar en el final de la misma, como la proyección de un filme en pocas horas, el decurso de todos tus años. Dicen que se recuerdan momentos ya olvidados de la niñez, los primeros pasos… Dicen que se ve una luz y el reencuentro soñado con seres amados.

Las arrugas no importan, los dolores perecen y se perdona lo mucho, lo poco.

Que en un instante se siente toda la calma, toda la paz que estuviste buscando por tantas décadas, incluso por varios ciclos.

Dicen que se cierra un ciclo y con este comienza uno nuevo, con un nuevo nacimiento, ya sea en esta u otras vidas.

Dicen, incluso, que las almas que se amaron mucho se buscan a pesar y después de la muerte y no descansan hasta volverse a encontrar después de milenios, siglos, décadas, años…, hasta fundirse en una sola en el regocijo eterno.

Belén

Me senté despacio, y poco a poco fui bebiendo a sorbos y tropiezos tu amor. Me sentí desnuda, como recién nacida, tratando de descifrar tus miradas y encantos. Parecías tan inofensivo, y algo misterioso captó mi atención tan selectiva.

Pude alcanzar a notar una luz y el brillo tan particular que envolvía y aceleraba mis pulsaciones y el latido de mi corazón.

Cada día era un nuevo comienzo, un nuevo descubrimiento. Llegó a formar parte indispensable de mi propia respiración.

Ganó la determinación de tus gestos, esos tiernos y locos gestos desenfrenados, apasionados, impulsivos y atrevidos al azar, sin aviso previo, sin premeditación… Te fuiste adueñando cada vez más de mi espacio, ese universo interno que fue cierta vez tan mío, solamente mío.

En mis noches sentía tu olor descolocando mi consciencia y derrumbando todas mis fortalezas. Y en ese momento, en ese preciso instante, revoloteaban imágenes futuras, sueños paradisíacos de una personita con tu viva imagen, algunos rasgos tuyos tan marcados y notables… La forma de tus cejas se dibujaba a la perfección: tan tupidas como bosques, tan perfectas como la noche. El grosor de tu cabello abundante, el brillo de tu mirada en aquellos ojitos achinados tan míos y la sonrisa descarada de aquellos cachetes regordetes que hacían hoyuelos.

Era tan perfecta y vívida aquella imagen, era el más hermoso sueño, del cual no quería despertar. Aquella imagen reflejaba todos mis deseos, anhelos y frustraciones. Tuve miedo de perderme para siempre en aquellos ojos y saciar aquel sentimiento indescriptible con la confusión de mis pensamientos en la eterna búsqueda de nuestra felicidad.

Vientos de mayo

Llevo una maleta gigante cargada de sueños. En ella sostengo años de espera y paciencia infinita. Un amor prolongado que venció al tiempo. Millones de noches en desvelo. Causalidades, coincidencias y afectos.

Empaqueto en sus bolsillos toda la magia de bondad de amigos y familia, que tan solo con su presencia recargaban mis fuerzas, impulsaban mis días, convirtiéndolos más amenos, más livianos, más sinceros.

Envueltos en el manto van todos los recuerdos, momentos eternos, fugaces…, de ira, dolor, amor, calma, temor y anhelos. Esas fotos que quedan guardadas en el subconsciente y salen réplicas cuando menos lo imaginas o sientes.

Mi maleta va cargada de metas, propósitos a corto y medio plazo. Tiene también sacrificios, coraje, alma, impulso y tropiezos; de estos últimos siempre se obtiene experiencia, sabiduría y aprendizaje.

La ropa que llevo va agotada de emociones y pensamientos. Los zapatos llevan las medidas casi perfectas de una canción añeja, de aquella conformada por un clásico, llamando siempre la atención de quien la escucha sin importar la época, los años o el tiempo.

Mi maleta va repleta…
Va y viene cargada de sueños.

Índice

Sobre la autora

Dailyn Valdivia García (Ciego de Ávila, Cuba, 1991). Psicóloga clínica de formación desde el año 2014 y máster en Educación Especial.

Ya de niña, la escritura la definía desde lo más abstracto y verdadero, transportándola a la dimensión de la felicidad plena, porque hacía lo que más le apasiona. En la búsqueda infinita de sus sueños se desplazan todos sus pensamientos marcados por las emociones y sentimientos de un alma vieja.

El tiempo ocupado por la escritura constituye la mejor terapia y liberación, siendo lo que es. Y enajenada en sus propios sentidos, comienza un viaje sin parada, brújulas o intermediarios.

www.ingramcontent.com/pod-product-compliance
Lightning Source LLC
La Vergne TN
LVHW041438170726
843492LV00008B/2678